DEUTSCHE AKADEMIE DER WISSENSCHAFTEN ZU BERLIN
VORTRÄGE UND SCHRIFTEN
HEFT 68

OTTO REINHOLD

DIE ENTWICKLUNG DES STAATSMONOPOLISTISCHEN KAPITALISMUS IN WESTDEUTSCHLAND

AKADEMIE-VERLAG · BERLIN
1960

Vortrag gehalten auf der Sitzung der Sektion Wirtschaftswissenschaften der Deutschen Akademie der Wissenschaften zu Berlin am 25. 3. 1960

Erschienen im Akademie-Verlag GmbH, Berlin W 8, Leipziger Straße 3-4
Lizenz-Nr. 202 · 100/208/60
Satz und Druck: IV/2/14 · VEB Werkdruck Gräfenhainichen · 1446
Bestellnummer 2003/68
Preis: DM 1,–
Printed in Germany
ES 5 B 2

Lenin hatte im Jahre 1917 in seiner Arbeit „Staat und Revolution" darauf hingewiesen, daß der Imperialismus zugleich „... die Epoche des Hinüberwachsens des monopolistischen Kapitalismus in den staatsmonopolistischen Kapitalismus"[1]) ist. Lenin traf diese Feststellung unter dem Eindruck des ersten Weltkrieges, der im breiten Umfang die Entwicklung des staatsmonopolistischen Kapitalismus förderte. Wie damals von Lenin vorausgesagt, ist *inzwischen der staatsmonopolistische Kapitalismus nach dem zweiten Weltkrieg in allen entwickelten kapitalistischen Ländern zur wichtigsten Erscheinung des gegenwärtigen Kapitalismus und daher auch der gesellschaftlichen Ordnung Westdeutschlands geworden.*

Während die bürgerlichen Ideologen Westdeutschlands von „sozialer Marktwirtschaft" und die rechten Sozialdemokraten von „demokratischen Sozialismus" und von der „freiheitlichen Wirtschaftsordnung" reden, wurden und werden alle Teile der Wirtschaft sowie die Innen- und Außenpolitik vom staatsmonopolistischen Kapitalismus durchdrungen und beeinflußt. In den Theorien und Rezepten aller bürgerlichen und kleinbürgerlichen Ökonomen Westdeutschlands wird das Eingreifen des kapitalistischen Staates in die Entwicklung der Wirtschaft in der einen oder anderen Form als eine unbedingte Notwendigkeit hervorgehoben. Die einen erklären, daß staatliche „Sicherungen" eine Bedingung der „sozialen Marktwirtschaft" seien, die anderen fordern eine „aktive Konjukturpolitik", eine „volkswirtschaftliche Gesamtrechnung", ein „Nationalbudget" usw. Sie alle versuchen, die Illusion zu wecken, als ob vor allem durch diese verschiedenen staatlichen Maßnahmen die kapitalistischen Widersprüche samt ihrer Auswirkungen für die Arbeiterklasse überwunden und aus dem alten Kapitalismus ein gewissermaßen „geläuterter" entwickelt werden könnte.

All diese Auffassungen und Rezepte für die Wirtschaftspolitik sind nichts anderes als die Widerspiegelung und Verteidigung der Tatsache, *daß der Bonner Staat tatsächlich von der herrschenden aggressiven Gruppe des deutschen Monopolkapitals direkt, unmittelbar zur Erhaltung ihrer Diktatur und zur Sicherung hoher Profite, zur allseitigen Durchsetzung ihrer Interessen in der Wirtschaft und Politik ausgenutzt wird.*

Leider gibt es außer in einigen Berichten des Deutschen Wirtschaftsinstituts praktisch keine gründlichen Untersuchungen dieser Entwicklung in Westdeutschland, wenngleich einzelne Seiten des staatsmonopolistischen Kapitalismus z. B. in der Finanzpolitik oder der Preisentwicklung

---

1) W. I. Lenin, Ausgew. Werke in zwei Bänden, Bd. II, Dietz Verlag, Berlin 1955, S. 181

behandelt werden. Genosse Prof. Dr. Johann Lorenz Schmidt hat einige Arbeiten zu Problemen des staatsmonopolistischen Kapitalismus veröffentlicht. Aber sie beschäftigen sich erstens meist wenig mit Westdeutschland und untersuchen zweitens nur einige Seiten z. B. die Probleme des staatsmonopolistischen Marktes im Zusammenhang mit dem Krisenzyklus. Das unter der Leitung der Genossin Prof. Dr. Eva Altmann veröffentlichte Buch „Westdeutschland unter den Gesetzen der Reproduktion des Kapitals und die Arbeiterklasse" verzichtet erstaunlicherweise auf die eingehendere Untersuchung dieser wichtigen Erscheinung des gegenwärtigen Kapitalismus. Aber ohne gründliche Analyse der Entwicklung des staatsmonopolistischen Kapitalismus in Westdeutschland kann man den wiedererstandenen deutschen Imperialismus weder ökonomisch noch politisch richtig einschätzen. Manche Genossen begnügen sich immer noch mit der Feststellung, daß die Leninschen fünf Merkmale auch noch heute auf Westdeutschland zutreffen. Bekannt ist aber auch, daß von einigen Genossen, z. B. vom Genossen Dr. Zieschang, die Rolle des staatsmonopolistischen Kapitalismus insofern überschätzt wurde, als er die Schlußfolgerung zog, daß durch ihn eine Reihe kapitalistischer Widersprüche überwunden werden und neue Produktionsverhältnisse entstehen könnten.

Die gründliche Analyse des staatsmonopolistischen Kapitalismus in Westdeutschland ist eine der dringendsten Aufgaben der Wirtschaftswissenschaftler unserer Republik, da es ohne diese Analyse keine gründliche Einschätzung der neueren Entwicklung Westdeutschlands geben kann. Diese Einschätzung aber brauchen wir, um erfolgreich den Kampf gegen den deutschen Imperialismus und Militarismus führen zu können.

Die Ursachen der schnellen Entwicklung des staatsmonopolistischen Kapitalismus in Westdeutschland

Selbstverständlich wurde der Staat als Instrument der herrschenden Klasse in der ganzen Periode des Kapitalismus ebenso wie in den vorangehenden Klassengesellschaften ausgenutzt, um die Interessen der herrschenden Klasse durchzusetzen. Worin bestehen aber die neuen Erscheinungen des staatsmonopolistischen Kapitalismus?

Erstens hat durch die enorme Konzentration der Produktion und des Kapitals eine kleine Gruppe des Monopolkapitals eine solche Macht in der Wirtschaft erlangt, daß sie dadurch den kapitalistischen Staat, die gesamte Innen- und Außenpolitik beherrscht. Sie nutzt den Staat aus, um die allgemeinen Klasseninteressen der Bourgeoisie durchzusetzen, soweit diese mit den speziellen Interessen der herrschenden Gruppe des Monopolkapitals übereinstimmen. Sie nutzt den Staat aber auch *gegen* den größeren Teil der Bourgeoisie, vor allem die kleinen und mittleren Kapitalisten, aus, wenn das für die Durchsetzung ihrer Interessen notwendig ist. Dadurch entwickeln und verschärfen sich die Widersprüche innerhalb der Bourgeoisie bedeutend.

Zweitens werden nunmehr viele ökonomische Beziehungen und Entwicklungsprozesse nicht mehr nur zwischen den verschiedenen privaten Unternehmern oder Monopolen geregelt und durchgesetzt. Die herrschende Gruppe des Monopolkapitals benutzt ihre Macht vielmehr in wachsendem Maße dazu, diese Beziehungen und Prozesse mit Hilfe des Staates zu vollziehen. Abgesehen davon, daß sich viele Betriebe in den Händen des Staates und damit unter der Botmäßigkeit der herrschenden Gruppe des Monopolkapitals befinden, nutzen diese die Macht in Westdeutschland ausübenden Kräfte den Staat auch direkt zu ihrer eigenen Unterstützung.

Drittens reichen auch die bisherigen bürgerlich-demokratischen Methoden der Herrschaft nicht mehr aus, um die Arbeiterklasse und die anderen demokratischen, antiimperialistischen Kräfte zu beherrschen. Betriebsverfassungsgesetz, Notstandsverordnung und ähnliche Maßnahmen des Staates, die sich gegen die Arbeiterklasse und alle Werktätigen, ja selbst gegen Teile der Bourgeoisie richten, sind nunmehr zu einer dringenden Notwendigkeit für die Sicherung der Macht der Monopole und Militaristen geworden.

All das unterscheidet die Ausnutzung des Staates, seine Rolle in Wirtschaft und Politik gegenüber allen früheren Perioden der Klassenherrschaft.

Die schnelle Entwicklung des staatsmonopolistischen Kapitalismus ist ein Ausdruck der allgemeinen Krise des Kapitalismus. Sie ist der Ausdruck dafür, daß nunmehr die kapitalistischen Widersprüche so groß geworden sind, daß ihre revolutionäre Lösung durch die Beseitigung des Kapitalismus mit den bisherigen Mitteln nicht mehr verhindert werden kann. Die Notwendigkeit, den Staat nicht nur zur Erhaltung der Klassenherrschaft der Bourgeoisie im allgemeinen, sondern zur Lösung vieler praktischer ökonomischer und politischer Probleme auszunutzen, bringt letztlich zum Ausdruck, daß der Übergang vom Kapitalismus zum Sozialismus objektiv notwendig geworden ist.

Die Notwendigkeit, den Staat in neuer Weise auszunutzen, ergibt sich vor allem aus der hohen Stufe der Vergesellschaftung der Produktion, die die gesellschaftliche Lenkung und Leitung der Wirtschaft im Interesse der Gesellschaft erfordert. So führt die gegenwärtige Entwicklung der Produktivkräfte, die durch die fortschreitende Automatisierung der Produktion, durch die vielfältige Ausnutzung der Atomenergie gekennzeichnet ist, zu einer weiteren Vergesellschaftung der Produktion. Aber die entscheidenden Probleme, die in diesem Zusammenhang aufgeworfen werden, können nicht mehr von einzelnen Unternehmern, auch nicht mehr von einzelnen Monopolen gelöst werden. So sind z. B. die erforderlichen Investitionsmittel so groß geworden, daß sie von einzelnen Unternehmern und selbst von den meisten Monopolen nicht mehr aufgebracht werden können. Darüber hinaus ist die einigermaßen profitable Durchsetzung der automatisierten Produktion nur möglich, wenn ein stabiler großer Markt vorhanden ist. Aber sowohl die Aufbringung der Investitionen als auch die Sicherung eines stabilen Marktes für die kontinuierliche automatisierte Produktion erfordern die gesellschaftliche Regelung dieser Probleme auf der Grundlage des gesellschaftlichen Eigentums der Produktionsmittel.

Der staatsmonopolistische Kapitalismus ist der *Versuch der herrschenden Monopolgruppen, diese Probleme auf kapitalistischer Basis zu lösen.* Dabei setzen sie ihre gesamte ökonomische und politische Macht ein, um über den Staat ihren Interessen entsprechende Maßnahmen einzuleiten und durchzusetzen. So stellen sie z. B. den Staatshaushalt in ihren Dienst, um einen großen Teil des Nationaleinkommens zu ihren Gunsten umzuverteilen, einen großen Teil der Investitionen zu finanzieren sowie mit Hilfe von Zuwendungen, Subventionen, Krediten, Rüstungsaufträgen und anderen staatlichen Bestellungen den Absatzmarkt im In- und Ausland zu sichern usw.

Die herrschenden Monopolgruppen nutzen ihre Macht weiterhin, um sich über den Staat auch in anderer Weise hohe Profite zu sichern. So verschaffen sie z. B. – wenn das in den Perioden der Krise und Stagnation notwendig ist – einzelnen Konzernen oder Konzernbetrieben finanzielle Hilfe zur Verhinderung des Bankrotts usw.

Nachdem der Sozialismus sich zunächst in der Sowjetunion, später in Gestalt des sozialistischen Weltsystems entwickelt hat und der Kampf zwischen Sozialismus und Kapitalismus zur Drehachse der internationalen Entwicklung wurde, wird der Staat in den imperialistischen Ländern von den herrschenden Monopolen benutzt, um eine aggressive Politik und die dieser Politik entsprechenden Maßnahmen im Kampf gegen den Sozialismus durchzusetzen. Auch die aggressive Politik gegenüber anderen kapitalistischen Ländern im Zusammenhang mit der Verschärfung der Widersprüche zwischen den imperialistischen Mächtegruppen und imperialistischen Ländern sowie die Militarisierung der Volkswirtschaft erfordern zwingend die größtmögliche Ausnutzung des Staates durch die herrschenden aggressiven Gruppen des Monopolkapitals. So spielt bekanntlich der Bonner Staat im Kampf der westdeutschen Monopole um die Vorherrschaft in Westeuropa eine große Rolle. Das heißt, die Entwicklung des staatsmonopolistischen Kapitalismus ist zugleich die notwendige Folge der ungleichmäßigen Entwicklung des Kapitalismus in seiner imperialistischen Etappe und den sich daraus ergebenden Widersprüchen. Im weiteren Kampf zwischen Sozialismus und Kapitalismus wird der staatsmonopolistische Kapitalismus weiter anwachsen. Im Ergebnis des veränderten internationalen Kräfteverhältnisses werden die aggressiven Kräfte immer mehr isoliert, weil jede reale Einschätzung, selbst vom Standpunkt der Monopole, ergibt, daß die Verwirklichung der Kriegspläne zugleich der kürzeste Weg zur Beseitigung des Imperialismus wäre. Ein Krieg würde jedoch unsagbares Elend für die Menschheit bringen, ganze Gebiete und Völker vernichten und zu einer noch nie dagewesenen Zerstörung von Produktivkräften führen. Der Krieg ist daher kein Mittel mehr zur Lösung internationaler Probleme. Die Sowjetunion und alle sozialistischen Länder kämpfen daher vereint mit allen friedliebenden Kräften um die Durchführung der von der Sowjetunion vorgeschlagenen allgemeinen und totalen Abrüstung.

Je aussichtsloser ein Krieg gegen das sozialistische Lager für die Imperialisten wird, um so mehr wird sich der Kampf zwischen Sozialismus und Kapitalismus auf den friedlichen Wettstreit, vor allem auf ökonomischem Gebiet, konzentrieren. Schon jetzt, nachdem die prinzipielle Bedeutung des ökonomischen Wettstreits für den Kapitalismus immer offensichtlicher wird, *wachsen auch die Anstrengungen der verschiedenen Monopolgruppen, den Staat noch stärker auszunutzen, um die Positionen des Kapitalismus zu verbessern.* Obwohl die kapitalistischen Widersprüche sich auf Schritt und Tritt als Hindernis erweisen, wachsen die Anstrengungen, mit Hilfe des Staates die Entwicklung der Wissenschaft und Technik, soweit dies im Interesse der Monopole ist, zu fördern. Diese Anstrengungen wurden in den letzten Jahren sowohl in den USA als auch in Westdeutschland bedeutend verstärkt. Zum anderen wurden die Bemühungen vergrößert, mit Hilfe des Staates stärker in die sogenannten unterentwickelten Länder einzudringen, um dort im Wettstreit mit den sozialistischen Ländern nicht zurückzubleiben. Diese Bestrebungen der imperialistischen Mächte werden in der nächsten Zeit ohne Zweifel weiter wachsen. Sie können jedoch die im Wesen des Kapitalismus begründeten Widersprüche nicht überwinden, die unvermeindlich zum Zurückbleiben des Kapitalismus führen. Im Gegenteil, alle diese Bemühungen und Maßnahmen des Staates der Monopole spitzen die dem Kapitalismus innewohnenden Widersprüche weiter zu.

In allen imperialistischen Ländern gibt es große Widersprüche selbst zwischen den verschiedenen Monopolgruppen. Während ein Teil der Großbourgeoisie beginnt, das neue Kräfteverhältnis realer einzuschätzen und einige Schlußfolgerungen in der hier erwähnten Richtung zu ziehen, versuchen andere, die aggressive Politik der Stärke gegen das sozialistische Lager fortzusetzen und – wie die Torpedierung der Gipfelkonferenz durch imperialistische Provokationen erneut eindeutig zeigte – sich zu widersetzen, praktische Schlüsse aus dem neuen Kräfteverhältnis zu ziehen. In

Westdeutschland beherrschen gegenwärtig die aggressivsten Gruppen des deutschen Monopolkapitals den Staat noch vollkommen und nutzen ihn im Interesse ihrer Politik aus. Alle jene Kräfte, die entsprechend einer realeren Einschätzung der Lage und der Entwicklung eine Neuorientierung der Politik fordern, werden rücksichtslos zurückgedrängt.

Eine weitere Ursache für das schnelle Anwachsen des staatsmonopolistischen Kapitalismus besteht darin, daß die bürgerlich-demokratischen Methoden der Herrschaft über die Arbeiterklasse und die anderen demokratischen Kräfte im gegenwärtigen Kapitalismus nicht mehr ausreichen, um gegen die Interessen des Volkes die Atomkriegspolitik durchzusetzen. Heute wachsen überall, auch in Westdeutschland, viele demokratische Bewegungen. Ob es um die Erhaltung des Friedens oder um demokratische Rechte für die Werktätigen geht – überall muß der Kampf gegen die aggressivste Gruppe des Monopolkapitals geführt werden. Das heißt, der antiimperialistische Kampf wächst schnell. Je mehr die kapitalistischen Widersprüche und der Einfluß des sozialistischen Weltsystems, in Westdeutschland vor allem der Einfluß unserer Republik, wachsen, um so mehr greift das Monopolkapital aus Furcht vor den sich ihrer historischen Rolle bewußt werdenden Massen zu faschistischen Methoden der Herrschaft unter maximaler Ausnutzung des Staates. Von Westdeutschland sind die zahlreichen Maßnahmen, vom Verbot der KPD, dem Betriebsverfassungsgesetz bis zum Entwurf eines „Notstandsgesetzes", allgemein bekannt.

Die angeführten Gründe sind – mit gewissen Unterschieden – die Ursachen der schnellen Entwicklung des staatsmonopolistischen Kapitalismus in allen imperialistischen Ländern, da sich überall die gleichen grundlegenden Widersprüche entwickeln. Dabei vollzog sich diese Entwicklung während der beiden Weltkriege, in der Zeit der Wirtschaftskrisen, vor allem aber in der Zeit nach dem zweiten Weltkrieg, d. h. in den Perioden der besonderen Verschärfung der kapitalistischen Widersprüche, besonders schnell.

Die genannten Ursachen der raschen Entwicklung des staatsmonopolistischen Kapitalismus treffen voll auch auf Westdeutschland zu. Aber neben diesen allgemeinen Ursachen für das Hinüberwachsen vom monopolistischen zum staatsmonopolistischen Kapitalismus spielten jene Faktoren, unter denen sich der deutsche Imperialismus nach dem zweiten Weltkrieg entwickelte, eine besondere Rolle:

1. Das Wiedererstehen des deutschen Imperialismus in Westdeutschland nach 1945 wurde nicht in erster Linie durch ökonomische Triebkräfte oder durch das Wirken der ökonomischen Gesetze des Kapitalismus ermöglicht. Seine Vernichtung wurde vor allem verhindert und sein Wiedererstehen ermöglicht, weil die imperialistischen Westmächte den

deutschen Imperialismus als Kriegsbasis gegen die Sowjetunion und das sozialistische Lager benötigten. Der wiedererstandene deutsche Imperialismus ist ein Produkt und Instrument des kalten Krieges gegen das sozialistische Lager. Für das deutsche Monopolkapital war es daher nach 1945 eine Lebensfrage, den Staat sofort fest in seine Hände zu nehmen und die gesamte Innen- und Außenpolitik, dabei auch die Entwicklung der Wirtschaft, dem kalten Krieg der imperialistischen Mächte gegen das sozialistische Lager, vor allem gegen die Deutsche Demokratische Republik, unterzuordnen. Daraus resultiert auch, daß die aggressivste Gruppe des deutschen Monopolkapitals den Bonner Staat beherrscht und maximal ausnutzt, um alle reaktionären, klerikal-militaristischen Kräfte zu fördern.

2. In Anbetracht der zentralen Bedeutung, die Westdeutschland für die Aggressionspolitik der NATO hat und die es für Westeuropa haben würde, wenn auch in Westdeutschland die demokratischen Kräfte an der Macht wären, war und ist die Ausnutzung des Staates durch die Monopole zur Unterdrückung der demokratischen Kräfte stärker als in anderen imperialistischen Ländern. Es gibt in Europa wenig Länder, in denen die Kommunistische Partei verboten ist und andere demokratische Kräfte oder die Weltfriedensbewegung mit Hilfe der staatlichen Organe so verfolgt werden wie in Westdeutschland. Die Monopole versuchen mit diesen Maßnahmen auch, dem ständig wachsenden Einfluß des sozialistischen Lagers, vor allem der Deutschen Demokratischen Republik, entgegenzuwirken.
3. Die deutschen Imperialisten haben nach 1945 den Staat im besonderen Maße ausgenutzt, um ihre Kriegsprofite zu realisieren und auf vielfältige Weise die Kosten des Krieges und seiner Folgen voll und ganz auf die Werktätigen abzuwälzen.

In Westdeutschland wird besonders klar, daß die schnelle Entwicklung des staatsmonopolistischen Kapitalismus sowohl in der ökonomischen als auch in der politischen Entwicklung begründet ist.

Die wichtigsten Ausdrucksformen des staatsmonopolistischen Kapitalismus

Die Ausnutzung des westdeutschen Staates zur Sicherung der Herrschaft und zur Durchsetzung der Politik der Monopolherren geschieht im Prinzip auf drei verschiedenen Gebieten, die untrennbar miteinander zusammenhängen, also eine Einheit bilden: in der Wirtschaft, in der Beherrschung der Innen- und Außenpolitik sowie in der Unterdrückung der Arbeiterklasse und anderer demokratischer Kräfte (Hilfe für die Ausbeutung der Arbeiterklasse und der anderen Werktätigen und Unterdrückung des politischen Kampfes der Arbeiterklasse, ja aller demokratischen und antimilitaristischen Kräfte).

Das Bestreben der Monopolherren, die zur möglichst weitgehenden Ausnutzung der neuesten Ergebnisse der Wissenschaft und Technik erforderlichen hohen Investitionen auf den Staat abzuwälzen und selbst als Lieferant der benötigten Ausrüstungen hohe Profite einzuheimsen, führt beim Übergang zum staatsmonopolistischen Kapitalismus und in seiner Entwicklung zu einer gewissen Zunahme des staatlichen Eigentums. Sein Wachstum ist auch ein Ergebnis dessen, daß die Monopole danach trachten, die Errichtung neuer Kapazitäten der Rüstungsindustrie durch den Staat finanzieren zu lassen. Nicht selten werden auch wenig rentable Werke zu phantastischen Preisen an den Staat verkauft und den Monopolen damit die Möglichkeit geschaffen, ihre Kapitalien in solchen Industriezweigen anzulegen, die höhere Profite erwarten lassen.[1])

In staatlichem Eigentum befinden sich in Westdeutschland 109 Aktiengesellschaften mit einem Nominalkapital von 4,9 Milliarden Mark (einschließlich der Tochtergesellschaften dieser Unternehmen). Das sind 18,3 Prozent des gesamten westdeutschen Aktienkapitals. Nimmt man dazu alle anderen staatlichen Unternehmen und Beteiligungen einschließlich der Eisenbahn, so kommt man auf ein Kapital von 25 Milliarden Mark. Hiervon entfallen auf die Beteiligung des Bundes 18, der Länder 1,5 und der Gemeinden sowie sonstiger öffentlicher Institutionen 5,5 Milliarden Mark. In diesen Betrieben sind zusammen 1,6 Millionen Beschäftigte tätig.[2]) Welche Rolle die staatlichen Betriebe in einigen wichtigen Industriezweigen spielen, zeigt folgende Tabelle.[3])

Anteil der staatsmonopolistischen Betriebe an der Produktion einiger Industriezweige (in Prozent)

Produktionszweig	1913	1928	1954	1957
Steinkohle	6,9	12,1	19,6	25,7
Koks	4,3	7,0	17,3	18,5
Braunkohle	0,4	7,7	75,0	88,0
Eisenerz	10,6	20,0	46,3	50,6
Aluminium	–	über 80,0	68,3	72,1
Blei	–	40,0	40,0	39,7
Personenkraftwagen	–	–	35,5	41,9

[1]) Vgl. „Grundlagen des Marxismus-Leninismus", Lehrbuch, Dietz Verlag, Berlin 1960, S. 311/312

[2]) Alle Angaben sind entnommen aus „Deutsches Wirtschaftsinstitut", Berichte 3 u. 13, 1959

[3]) „Deutsches Wirtschaftsinstitut", Bericht 13, 1959, S. 8

Der staatsmonopolistische Charakter dieser staatlichen Unternehmen zeigt sich sowohl in der Tarifpolitik der Eisenbahn und der staatlichen Energiebetriebe, die den Monopolen zusätzliche Profite ermöglicht, als auch in dem Bestreben, jene Betriebe zu privatisieren, die einen hohen Profit abwerfen, wie die Volkswagenwerke.

Die Privatisierung staatlicher Betriebe bedeutet historisch gesehen einen Schritt zurück; denn vom Standpunkt des Übergangs zum Sozialismus verkörpert das staatsmonopolistische Eigentum bereits eine höhere Stufe als der Privatbetrieb. Lenin wies darauf hin, daß in den staatsmonopolistischen Betrieben die weiteste materielle Vorbereitung des Sozialismus erfolgt. Wir Marxisten-Leninisten sind auch deshalb gegen die Privatisierung, weil jeder staatliche Betrieb trotz seines staatsmonopolistischen Charakters beweist, daß die Wirtschaft – wie das Volkswagenwerk zeigt – ohne privatkapitalistische Eigentümer an den Produktionsmitteln auskommen kann.

Eine andere Ausdrucksform des staatsmonopolistischen Kapitalismus ist die Ausnutzung des Staates derart, daß mit Hilfe von Gesetzen, mittels der Steuer- und Kreditpolitik sowie anderer Maßnahmen die Konzentration der Produktion und des Kapitals maximal gefördert wird, um dadurch die Macht und den Einfluß der größten Monopole weiter zu stärken. Ein Beispiel dieser Förderung der Konzentration des Kapitals ist das sogenannte „Umwandlungsgesetz" aus dem Jahre 1956 und das „Umwandlungssteuergesetz" aus dem Jahre 1957. Es handelt sich dabei zunächst darum, daß nach dem zweiten Weltkrieg die Einkommensteuer, die vorwiegend von GmbH und ähnlichen personengebundenen Gesellschaften entrichtet werden muß, viel höher war als die Körperschaftssteuer, die z. B. von den Aktiengesellschaften bezahlt werden muß. Daraufhin hatten zahlreiche Unternehmer ihre Betriebe in Aktiengesellschaften umgewandelt. Inzwischen haben sich die Steuern jedoch so geändert, daß eine Rückverwandlung wieder höheren Profit einbringt. Dazu wurden die erwähnten Gesetze erlassen. Durch sie ist es nunmehr möglich, mit einem großen Steuergewinn Gesellschaften zusammenzuschließen und Besitzer kleinerer Aktienpakete – von Kleinaktienbesitzern schon gar nicht zu reden – ohne große Mühe auszuschalten. Durch diese Gesetze wird allein die Verschmelzung der verschiedenen Tochtergesellschaften mit der Muttergesellschaft sehr vorteilhaft. Früher kostete z. B. die Verschmelzung einer Tochter- mit der Muttergesellschaft bei einem Aktiengrundkapital von 30 Millionen Mark 116000 Mark Vermögensabgabe; heute nur noch 8400 Mark. Die Besitzer der Aktienmehrheit erhalten zugleich das Recht, die anderen Aktionäre, selbst gegen ihren Willen, abzufinden und auszuschließen, wenn das im Interesse der herrschenden Gruppe des Monopolkapitals ist.

Die größte Profitquelle für die Monopole ergibt sich jedoch daraus, daß sie bei dieser Verschmelzung die Möglichkeit erhalten, die sogenannten stillen Reserven, die sie von den Gewinnen absetzen, um sie der Besteuerung zu entziehen, mit einer ganz geringen Steuer offiziell ihrem Kapital zuzuführen. Die „Welt der Arbeit" berichtete am 18. Dezember vergangenen Jahres, daß diese Gesetze einem einzigen westdeutschen Montankonzern einen zusätzlichen Profit von 200 Millionen Mark einbrachten. Es ist klar, daß dadurch die Monopolisierung der Wirtschaft nicht behindert, sondern außerordentlich gefördert wird.

Der Konzentration des Kapitals und der schnellen Vergrößerung des Profits der großen Monopole dient das System der Umsatzsteuer. In der Regel muß bei jedem Umsatz ein bestimmter Prozentsatz des Wertes als Umsatzsteuer an dem Staatshaushalt abgeführt werden. Aus der Umsatzsteuerstatistik für das Jahr 1957 ergibt sich, daß die Umsatzsteuer bei den verschiedenen großen Unternehmen sehr unterschiedlich war:

Umsatz (in Mark)	Umsatzsteuer (in Prozent)[1]
80000 bis 100000 Mark	3,29 Prozent
2 Millionen bis 5 Millionen Mark	2,24 Prozent
über 250 Millionen Mark	1,75 Prozent

Die großen Monopole brauchten also für jede Mark Umsatz nur rund die Hälfte der Umsatzsteuer der kleineren Betriebe abzuführen, obwohl die großen Monopole schon dadurch einen beträchtlichen Vorteil haben, daß sie mehrere Verarbeitungsstufen vereinigen und somit nur einmal Umsatzsteuer bezahlen müssen. Inzwischen hat sich bei der Bezahlung der Umsatzsteuer die Lage weiter zugunsten der Monopole verbessert. Kurze Zeit nach der Annahme des „Antikartellgesetzes", am 1. April 1958, wurde von der Adenauer-Regierung die Umsatzsteuer nach der sogenannten Organtheorie eingeführt. Danach sind die Umsätze zwischen allen Betrieben eines Konzerns, auch wenn sie formaljuristisch selbständig sind, von der Bezahlung einer Umsatzsteuer befreit. Dieses Gesetz wurde in der Periode des Faschismus angewandt, auf Grund des Potsdamer Abkommens nach 1945 außer Kraft gesetzt und nun wieder hervorgeholt. Welche zusätzlichen Profite sich daraus für die Monopole ergeben, geht schon daraus hervor, daß selbst der Bonner Finanzminister Etzel den Steuerausfall im Haushaltsjahr 1958/59 auf über 400 Millionen Mark veranschlagt. Als im Herbst 1958 fünf Unternehmen des Mannesmann-Konzerns nach

[1]) Statistisches Jahrbuch für die Bundesrepublik Deutschland, 1959, S. 395

der vorher erfolgten „Entflechtung" wieder zusammengeschlossen wurden, brachte das neue System der Umsatzsteuer diesem Konzern allein beim Umsatz von Schrott einen zusätzlichen Profit von 17 Millionen Mark ein.

Es geht also bei der Anwendung dieser Gesetze nicht allein darum, den Monopolen unmittelbar einen höheren Profit zu verschaffen, sondern auch darum, die Konzentration der Produktion und des Kapitals, die Ausdehnung der Macht und des Einflusses der ohnehin stärksten Monopole außerordentlich zu fördern, was natürlich wiederum zu höheren Profiten führt. Man könnte noch viele andere Beispiele anführen, die das gleiche beweisen. Ob auf dem Gebiet der Steuern, ob auf dem des Waren- und Kapitalexports usw., überall dienen die staatlichen Gesetze und Verordnungen vor allem den mächtigsten Monopolgruppen. Gleichzeitig wurden Gesetze erlassen, die die Rechte der Arbeiter in den Betrieben beschneiden wie das Betriebsverfassungsgesetz. Auf Grund dieses Gesetzes wurde, um nur ein Beispiel zu nennen, der Betriebsratsvorsitzende der Howaldt-Werft fristlos entlassen, als die Belegschaft gegen die Verschlechterung der Sozialversicherung streiken wollte. Mit welcher Schärfe sich die Politik der Bonner Regierung gegen die Gewerkschaften richtet, zeigt die Tatsache, daß die Industriegewerkschaft Metall dazu verurteilt wurde, den Unternehmern den Profitausfall zu zahlen, der durch den Streik der Metallarbeiter Schleswig-Holsteins im Jahre 1957 entstanden war.

Die Ideologen der „sozialen Marktwirtschaft" reden von sozialen Gesetzen und sozialen Ergänzungen durch den Staat und nehmen zur gleichen Zeit das Gesetz über die Selbstbeteiligung der Arbeiter und Angestellten bei Krankheit an, um jährlich zusätzlich mehr als eine Milliarde Mark für den Bonner Rüstungshaushalt aus ihnen herauszupressen.

Ein wesentliches Merkmal des staatsmonopolistischen Kapitalismus besteht darin, daß die Monopole einen stets wachsenden Anteil des Nationaleinkommens mit Hilfe des Staatshaushaltes und der gesamten Finanzpolitik in ihrem Interesse umverteilen. Durch den Bonner Staatshaushalt wird etwa ein Drittel des westdeutschen Nationaleinkommens erfaßt und umverteilt. Dabei wurde schon am Beispiel der Umsatzsteuer gezeigt, in welchem Umfang die Monopole bereits beim Aufbringen der Steuern begünstigt werden. Ähnlich sieht es bei allen staatlichen Einnahmen aus. Die Monopole sind bestrebt, über Preiserhöhungen die Steuern ganz auf die Werktätigen abzuwälzen. Die Preissteigerungen und die Veränderungen der Steuersätze führten dazu, daß sich in der Zeit von 1952 bis 1959 die reale Kaufkraft eines Bruttoeinkommens von monatlich 330 Mark um minus sechs Prozent, von monatlich 2700 Mark um plus 36 Prozent und eines Profits von 300000 Mark um plus 300 Prozent veränderte.[1])

---

[1]) Vgl. „Deutsches Wirtschaftsinstitut", Bericht 14, 1959, S. 3

Wie die Einnahmen des Staatshaushaltes, so werden auch die Ausgaben vollkommen im Interesse der Monopole verwendet. Neben dem wachsenden Anteil der Ausgaben für die direkte und indirekte Rüstungsproduktion fließt den Monopolen ein großer Teil der Mittel für Investitionen, Subventionen, Bürgschaften usw. wieder zu. Seit Ende des zweiten Weltkrieges wurde ein großer Teil der Investitionen der westdeutschen Wirtschaft aus öffentlichen Mitteln finanziert.

Die Entwicklung der staatlichen) Investitionsausgaben in Westdeutschland*[1])

Rechnungs- bzw. Kalender jahre***	Staatliche Investitionen Eigeninvestitionen	Mittelbare Investitionen**)	insgesamt	Staatliche Investitionen in % der gesamten Staatsausgaben*)	Staatliche Investitionen in % der Bruttoanlageinvestitionen
1925–1932****	–	–	20475	14,2	25,1
1950	2469	2311	4780	17,4	25,9
1951	3117	3303	6420	17,5	28,8
1952	3685	4179	7864	19,3	30,9
1953	4230	4580	8810	19,2	30,7
1954	4688	5736	10424	20,8	32,4
1955	5838	5543	11381	22,1	28,6
1956	6530	6985	13515	22,6	30,6
1957	6610	7914	14524	22,0	31,5
1958	7450	7890	15340	22,2	31,2

*) Bund, Länder, Gemeinden, Lastenausgleichsfonds
**) Darlehen, Zuschüsse, Beteiligungen
***) staatliche Ausgaben: Rechnungsjahre; Bruttoanlageinvestitionen: Kalenderjahre
****) 1925—1932, damaliges Deutschland

Nimmt man die staatlichen Investitionen im Verhältnis zu den Nettoinvestitionen, so sind es in den letzten Jahren rund 40 Prozent aller Mittel, die über die öffentlichen Haushalte Westdeutschlands aufgebracht wurden. Neben den Investitionen aus staatlichen Mitteln spielt die sogenannte Selbstfinanzierung die entscheidende Rolle. Aber diese „Selbstfinanzierung" wurde ebenfalls erst möglich, nachdem den Monopolen mit Hilfe der verschiedensten staatsmonopolistischen Maßnahmen außerordentlich hohe Profite zugeschanzt wurden. In welcher Art und Weise die staatlichen Mittel den Monopolen zufließen, sehen wir am Beispiel der Henschel-Werke in Kassel. Als diese Werke 1957 beinahe bankrott machten, wurde

[1]) „Deutsches Wirtschaftsinstitut", Bericht 5, 1960 S. 16

ihnen mit staatlichen Mitteln geholfen. Der Bundeshaushalt gab sofort eine Bürgschaft für 6,5 Millionen Mark. Die Hessische Landesregierung bürgte für 6,5 Millionen Mark. Die Bundesanstalt für Arbeitslosenversicherung gab einen Kredit von 3 Millionen Mark und das Bonner Finanzministerium 20 Millionen Mark Vorschuß für einen Rüstungsauftrag.

Daß die staatlichen Mittel in erster Linie den Monopolen zufließen, geht auch aus der Tatsache hervor, daß in diesem Jahr von der Summe der geplanten Bürgschaften von 20,7 Milliarden Mark nur 85 Millionen für den gewerblichen Mittelstand vorgesehen sind. Aber nicht einmal diese wurden gewährt.

Von großer Bedeutung für die Entwicklung des staatsmonopolistischen Kapitalismus sind die vielfältigen staatlichen Maßnahmen zur Förderung des Waren- und Kapitalexports, die für die Expansionspolitik des deutschen Imperialismus gegen die kapitalistischen Länder eine außerordentlich große Rolle spielen. Dabei werden vielfältige Steuervergünstigungen gewährt, für viele Milliarden Mark Bürgschaften übernommen, günstige Kredite sowohl an Exporteure als auch an andere Länder gegeben usw.

Ein wichtiges Gebiet des staatsmonopolistischen Kapitalismus ist die *Landwirtschaft.* Durch solche staatlichen Maßnahmen, wie das Flurbereinigungsgesetz, die sogenannte Marktordnung u. a., wird vor allem der Ruinierungsprozeß der Kleinbauern außerordentlich gefördert. Durch den vom Bonner Staat forcierten kapitalistischen Konzentrationsprozeß wurden seit 1949 mehr als 220000 Landwirtschaftsbetriebe der Klein- und Mittelbauern von den Gutsbesitzern und Agrarkapitalisten aufgesogen. Die Bauern wurden ihrer Existenz beraubt und zum Teil unter Einsatz der Staatsgewalt von Haus und Hof vertrieben. Und das moderne Bauernlegen in Westdeutschland hält weiter an. Abgesehen von den bäuerlichen Betrieben unter fünf Hektar, die samt und sonders unter den Hammer kommen und deren Besitzer davongejagt werden sollen, verkündete der Bonner Ernährungsminister Schwarz im Februar dieses Jahres „Von den rund 800000 bäuerlichen Betrieben im reinen Sinne des Wortes (hierin sind die Betriebe unter fünf Hektar gar nicht mehr erfaßt — O. R.) sind noch etwa vier Fünftel in ihrer Struktur zu verändern.“ Diesen volksfeindlichen Machenschaften der Mächtigen im Bonner Staat gilt es, durch gemeinsame Aktionen der Arbeiter und der werktätigen Bauern sowie aller friedliebenden Kräfte Einhalt zu gebieten. Im von der Delegiertenkonferenz der Kommunistischen Partei Deutschlands beschlossenen Aktionsprogramm sowie in der Erklärung des Politbüros des Zentralkomitees der KPD vom 26. März 1960 über die Hilfe für die bedrohten Bauern der Bundesrepublik wird der Weg dazu gewiesen. Er führt über den Kampf der Bauern an der Seite der Arbeiterklasse gegen die kriegsvorbereitenden Beschlagnahmen von Bauernland, für die allgemeine und totale Abrüstung zur Herstellung demokratischer Verhältnisse in Westdeutschland.

Untrennbar mit der Entwicklung des staatsmonopolistischen Kapitalismus verbunden, ja eine seiner wichtigsten Erscheinungsformen ist die Militarisierung der Volkswirtschaft. Bereits Lenin hatte begründet, daß der Imperialismus immer die Gefahr neuer Kriege hervorbringt, daß er stets aggressiv ist, solange er besteht. Das Neue nach dem zweiten Weltkrieg besteht darin, daß ständig ein großer Teil der Wirtschaft, ein großer Teil der Arbeitskräfte der imperialistischen Länder nur für die Rüstungsproduktion tätig ist. Durch diese umfassende Militarisierung werden alle wirtschaftlichen und gesellschaftlichen Entwicklungsprozesse dieser Länder wesentlich beeinflußt. Der Umfang und der Einfluß der Militarisierung kommen in vielen Tatsachen zum Ausdruck.[1])

Durch die Rüstungsaufträge wird von der herrschenden Monopolgruppe mit Hilfe des Staates ein relativ großer Teil der Wirtschaft unmittelbar beeinflußt, d. h. ein großer Teil der Produktivkräfte nach den Interessen der aggressiven militaristischen Kräfte gelenkt. Wie groß dieser Teil der Wirtschaft ist, kann man ermessen, wenn man bedenkt, daß im letzten Jahrzehnt von den NATO-Ländern jährlich nach offiziellen Angaben 55 bis 60 Milliarden Dollar für Rüstungsaufträge verausgabt wurden.

In der westdeutschen Industrie wurde die Rüstungsproduktion vorbereitet, indem vor allem jene Zweige entwickelt wurden, die für die Militarisierung von ausschlaggebender Bedeutung sind. In der Zeit der Hochkonjunktur war es für die deutschen Imperialisten profitabler, diese Kapazitäten für den Export zu benutzen. Hinzu kommt, daß auch die Aufstellung der Bonner Armee noch nicht weit genug gediehen war. Seit einigen Jahren sind jedoch die Ausgaben für militärische Zwecke beträchtlich. Die direkte Rüstungsausgaben des Bonner Staatshaushaltes entwickelten sich (in Millionen Mark) folgendermaßen:[2])

	1955/56	1956/57	1957/58	1958/59	1959/60*
Westdeutsche Wehrmacht	95,4	3404,4	5405,0	7800,0	10.994,1
Besatzungskosten	5530,3	3573,6	1725,4	702,4	345,5
Besatzungsfolgekosten	479,4	350,9	416,9	–	432,1
direkte Rüstungsausgaben insgesamt:	6105,2	7329,0	7547,3	8700,0	11.771,7

[1]) Siehe hierzu Otto Reinhold, „Die ökonomische Entwicklung in Westdeutschland und der Kampf um den Frieden", „Einheit", Heft 1, 1960, insbesondere den Abschnitt „Die Militarisierung der Volkswirtschaft und des gesamten gesellschaftlichen Lebens in den imperialistischen Ländern", S. 32ff.

[2]) „Deutsches Wirtschaftsinstitut", Bericht 19, 1959, S. 21

	1955/56	1956/57	1957/58	1958/59	1959/60
Anteil an den Gesamt-Ausgaben des Bonner Staatshaushaltes (in Prozent)	23,8	24,0	21,7	25,6	29,6

*) Bei den Ausgaben für 1959/60 handelt es sich um die im Staatshaushalt vorgesehenen Ausgaben. Nach den bis jetzt vorliegenden Angaben werden die geplanten Ausgaben aber noch überschritten.

Aus diesen Zahlen ist zu ersehen, daß die Rüstungsausgaben im vergangenen Jahr bedeutend erhöht wurden. Allein die Ausgaben für die Bonner Armee stiegen von 7,8 auf 11 Milliarden Mark, also um rund 40 Prozent. Für das Haushaltsjahr 1960/61 sind sogar 13 Milliarden Mark vorgesehen. Für die Entwicklung der westdeutschen Wirtschaft ist zugleich sehr wichtig, daß jetzt zwei Drittel aller Rüstungsgüter in Westdeutschland selbst hergestellt werden. Vor vier Jahren wurden nur 40 Prozent der Rüstungsaufträge an westdeutsche Konzerne vergeben, im Jahre 1959 dagegen waren es 65 Prozent.[1]) In welchem Ausmaß einzelne Zweige der westdeutschen Wirtschaft Rüstungsaufträge erhalten, geht aus einigen Beispielen hervor. Für die Beschaffung von Kraftfahrzeugen wurde neben den bereits laufenden Aufträgen im Juni 1959 ein spezielles Beschaffungsprogramm beschlossen, das 1,4 Milliarden Mark erfordert und 1960 abgeschlossen werden soll. Für das Marinebauprogramm waren 1959 allein an westdeutschen Werften 50 Stapelläufe vorgesehen. Offiziell wurde bereits ein Programm von Rüstungsbauten für 7,2 Milliarden Mark bekanntgegeben. Schon diese wenigen Daten sind gewaltig, dennoch geben sie kein vollständiges Bild, da sie noch keinen Einblick in die ungeheuren Kosten der Atom- und Raketenrüstung erlauben.

In der Zeit von 1950 bis 1958 hat der Bonner Staat rund 65,5 Milliarden Mark für die Rüstung ausgegeben. Dabei sind die Kosten für die Spionageorganisationen, für Grenz- und Polizeitruppen sowie die Kriegsfolgekosten usw. noch nicht eingerechnet. In der Zeit von 1933 bis 31. August 1939 wurden vom faschistischen deutschen Staat offiziell aus dem Haushalt 60 Milliarden Mark für die Rüstung verwendet. Nach den Angaben von Strauß und anderen leitenden Funktionären des Bonner Kriegsministeriums werden die Rüstungsausgaben in der nächsten Zeit weiter steigen. Während Erhard von der „sozialen Marktwirtschaft" und vom „Volkskapitalismus", Deist von der „Freiheitlichen Wirtschaftsordnung" und

[1]) Ebenda, S. 5

„sozialdemokratischer Wirtschaftpolitik" sprechen, hat sich tatsächlich die Militarisierung der Volkswirtschaft in Westdeutschland vollzogen.

Ein großer Teil der gesellschaftlichen Produktivkraft wird der Wirtschaft der imperialistischen Länder durch die außerordentliche Vergrößerung der Armeen dieser Länder – gegenüber der Zeit vor dem zweiten Weltkrieg – entzogen. Zählt man die Angehörigen der Streitkräfte zu jenen Beschäftigten, die in den verschiedenen Wirtschaftszweigen der imperialistischen Länder direkt oder indirekt in der Rüstungsproduktion tätig sind, so sind das mindestens 15 bis 20 Prozent der Arbeitskräfte. Das bestätigt, daß die Militarisierung der Volkswirtschaft die wichtigste Erscheinung des Parasitismus im heutigen Kapitalismus ist. Allein dadurch wird die im Interesse der Völker liegende Entwicklung der Produktivkräfte außerordentlich behindert.

Dabei muß man berücksichtigen, daß das heutige Tempo in der Entwicklung der Kriegstechnik dazu führt, daß die Ausrüstung der Armeen ständig erneuert werden muß. Noch im vorigen Jahrhundert und zu Beginn des 20. Jahrhunderts konnten Waffen und Munition in der Regel einige Jahrzehnte benutzt werden, ohne veraltet zu sein. Heute müssen sie meist bereits nach wenigen Jahren durch modernere Waffen, modernere Kriegsgeräte ersetzt werden. Für die werktätigen Menschen ist das eine schwere Bürde, für die Monopole jedoch eine ständige Quelle hoher Profite.

Die Militarisierung der Volkswirtschaft Westdeutschlands und der anderen imperialistischen Länder bleibt nicht allein auf die Rüstungsproduktion und die Aufstellung großer Armeen beschränkt. Das gesamte Leben, alle Seiten der gesellschaftlichen Entwicklung der Innen- und Außenpolitik, werden durch sie beeinflußt. Um die hohen Rüstungsausgaben aufrechtzuerhalten und dem Siegeszug des Sozialismus, d. h. der Gesetzmäßigkeit der Entwicklung der menschlichen Gesellschaft, entgegenzutreten, wird eine aggressive Politik nach außen durchgeführt.

Unmittelbar mit der Militarisierung ist die psychologische Kriegsführung, die militaristische Verseuchung der Kultur und der Volksbildung die Förderung aller faschistischen Elemente verbunden. Auch die Entwicklung der Naturwissenschaftlich-technischen Forschung wird in den imperialistischen Ländern weitgehend durch die Bedürfnisse der Rüstungsproduktion bestimmt. Ebenso werden die Investitionen den Erfordernissen der Militarisierung entsprechend gelenkt. Es gibt überhaupt kein Gebiet des gesellschaftlichen Lebens, das nicht in der einen oder anderen Weise durch die Militarisierung der Volkswirtschaft beeinflußt wird.

Durch die Rüstungsproduktion wird natürlich einerseits ein staatsmonopolistischer Markt geschaffen. Das ist schon von großer Bedeutung. Aber dabei muß man unterstreichen, daß die herrschende Gruppe des Monopolkapitals über die Rüstungsproduktion zugleich auch einen wichtigen Teil der Wirtschaft, Wissenschaft usw. beherrscht.

Der Prozeß der Militarisierung der Volkswirtschaft ist mit staatlichen Maßnahmen zum Abbau der demokratischen Rechte für die Arbeiterklasse und alle anderen demokratischen und friedliebenden Kräfte verbunden. Es wurde bereits auf die Kette von Maßnahmen vom Verbot der KPD bis zum Entwurf eines Notstandsgesetzes gegen die Opposition hingewiesen. Ebenso gehören zu den Folgen der Militarisierung die Angriffe auf die Lebenshaltung der Werktätigen durch Preiserhöhungen, durch Verschlechterung der Sozialversicherung usw. Aus all dem ergibt sich, daß die Militarisierung nicht etwa eine Erscheinungsform des staatsmonopolistischen Kapitalismus neben vielen anderen ist, sondern alle anderen Formen werden in der einen oder anderen Weise durch die Militarisierung der Volkswirtschaft beeinflußt und von ihr durchdrungen. Daraus ergibt sich, daß die Militarisierung der Volkswirtschaft zu einer schnellen Ausdehnung aller Formen des staatsmonopolistischen Kapitalismus führt.

Der staatsmonopolistische Kapitalismus und die ökonomischen Gesetze des Kapitalismus

Die bürgerlichen und kleinbürgerlichen Ideologen, angefangen von den westdeutschen Vertretern der „sozialen Marktwirtschaft“ über die unmittelbaren Anhänger von Keynes bis zu rechten Sozialdemokraten, gehen in ihrer Argumentation davon aus, die verschiedenen Maßnahmen des Staates in der Wirtschaft würden zur Überwindung der kapitalistischen Widersprüche führen. Sie gehen in ihren Auffassungen bis zu der Behauptung, daß dadurch eine stabile wirtschaftliche Entwicklung, Vollbeschäftigung, eine Wirtschaft ohne Krisen, die im Grunde schon nicht mehr die kapitalistische Wirtschaft sei, geschaffen werden könnten. Im Programm des Bundes der Kommunisten Jugoslawiens wird die Behauptung aufgestellt, durch die Zunahme der staatlichen Eingriffe würden in den kapitalistischen Ländern Elemente des Sozialismus entstehen. Untersucht man die tatsächlichen Auswirkungen des staatsmonopolistischen Kapitalismus so muß man feststellen, daß seine Entwicklung das Produkt der verschärften kapitalistischen Widersprüche ist, daß kein einziger Widerspruch überwunden wird, sondern daß alle Widersprüche mittelbar und unmittelbar verschärft werden, vor allem der Grundwiderspruch des Kapitalismus.

Es wurde bereits darauf hingewiesen, daß in Westdeutschland durch die staatliche Investitionsförderung, durch die Steuerpolitik und andere Maßnahmen der Finanzpolitik zur Umverteilung des Nationaleinkommens sowie durch vielerlei Gesetze und Maßnahmen die Konzentration der Produktion und des Kapitals gefördert wurde. Im ganzen führt die Entwicklung des staatsmonopolistischen Kapitalismus dazu, daß die Vergesellschaftung der Produktion auf eine neue, höhere Stufe gehoben wird, während gleichzeitig der Staat von den herrschenden Gruppen des Monopolkapitals ausgenutzt wird, um deren Eigentum, deren Macht und deren Einfluß zu erweitern.

Die Aufbringung der Mittel, die für die verschiedenen staatsmonopolistischen Maßnahmen, wie zur Militarisierung der Wirtschaft, zur Investitionsfinanzierung, zur Exportfinanzierung usw., benötigt werden, führt zur Steuererhöhung für die Massen, zu inflationistischen Preissteigerungen und zu anderen Belastungen für das werktätige Volk. Das bedeutet aber nichts anderes, als das dadurch – für eine längere Periode betrachtet – der *Widerspruch zwischen Produktion und Markt verschärft wird.* Dies ist auch dann der Fall, wenn es nicht zu jedem Zeitpunkt sichtbar wird.

Selbstverständlich kann dadurch der *antagonistische Klassenwiderspruch zwischen* der Arbeiterklasse und der Bourgeoisie nicht beseitigt werden, weil an den kapitalistischen Eigentumsverhältnissen nichts geändert wird, auch dann nicht, wenn dieser oder jener Arbeiter eine Kleinaktie zeichnet. Nach wie vor ist er gezwungen, seine Arbeitskraft als Ware zu verkaufen. Gerade die westdeutsche Entwicklung der letzten Zeit beweist, daß durch die Militarisierung der Wirtschaft und deren Folgen sowie durch solche staatsmonopolistischen Maßnahmen wie die Förderung der Konzentration einerseits und der Abbau der sozialen Einrichtungen und der demokratischen Rechte der Werktätigen andererseits die Klassenwidersprüche an Ausmaß und Stärke immer weiter zunehmen.

Die Ausnutzung des Staates durch die herrschende Gruppe des Monopolkapitals zur Sicherung ihrer Herrschaft und hoher Profite führt zugleich dazu, daß der *Widerspruch zwischen dieser Gruppe und allen übrigen Teilen der Bevölkerung und selbst die Widersprüche in der Großbourgeoisie* sich zuspitzen. Das Wachsen dieser Widersprüche führte z. B. schon 1958 auf dem Parteitag der CDU in Kiel zu scharfen Auseinandersetzungen zwischen der herrschenden Gruppe des Monopolkapitals und den Vertretern der mittleren und kleinen Kapitalisten. Dadurch wurde die Bonner Regierung gezwungen, zu den Fragen der Konzentration und der Lage der kleinen und mittleren Bourgeoisie Stellung zu nehmen.

Da sich in Westdeutschland im Unterschied zu einigen anderen imperialistischen Ländern der Staat völlig in den Händen der aggressivsten Gruppe des Monopolkapitals befindet und ökonomisch wie politisch zur Durchsetzung der aggressiven Politik gegen das sozialistische Lager ausgenutzt wird, entwickelten sich *innerhalb der westdeutschen Großbourgeoisie Widersprüche.* Ein Teil der Großbourgeoisie versucht heute stärkeren Einfluß auf den Staat zu gewinnen, um ihn statt für die schnelle Aufrüstung stärker für das Eindringen in die sogenannten unterentwickelten und in die kapitalistischen Länder auszunutzen, um auf diese Weise der realen Situation Rechnung zu tragen und der weiteren Veränderung des Kräfteverhältnisses zugunsten des Sozialismus entgegenzuwirken. Das heißt, es kann gar keine Rede davon sein, daß durch die Entwicklung des staatsmonopolistischen Kapitalismus die ökonomischen und politischen Widersprüche überwunden werden. Das Gegenteil ist der Fall.

Durch den staatsmonopolistischen Kapitalismus werden weder die kapitalistischen Eigentumsverhältnisse noch die sich daraus ergebenden kapitalistischen Ausbeutungsverhältnisse in ihrem Wesen verändert. Die ökonomischen Gesetze des Kapitalismus wirken nach wie vor, da die Grundlage, auf der sie wirken, die kapitalistischen Eigentumsverhältnisse, nicht beseitigt ist. *Das bedeutet selbstverständlich nicht, daß die Entwicklung des staatsmonopolistischen Kapitalismus auf das Wirken, d. h. auf die Durchsetzung der ökonomischen Gesetze des Kapitalismus keinen Einfluß hätte. Praktisch gibt es kein ökonomisches Gesetz und keinen ökonomischen Prozeß von Bedeutung, die nicht in dieser oder jener Form in ihrer Wirkung durch staatsmonopolistische Maßnahmen beeinflußt werden.* Von großer Bedeutung sind die Einflüsse auf den gesellschaftlichen Reproduktionsprozeß des Kapitals. Wie schon die Monopole, so werden in noch viel stärkerem Umfang durch das Staatsmonopol die freie Konkurrenz und die regulierende Rolle des Wertgesetzes eingeschränkt und die Verteilung des Kapitals, die Verteilung der gesellschaftlichen Arbeit sehr wesentlich von der herrschenden Gruppe des Monopolkapitals mit Hilfe des Staates beeinflußt. Es wurde bereits darauf hingewiesen, daß über den Staatshaushalt ein großer Teil des Nationaleinkommens umverteilt wird, daß ein großer Teil der Investitionen aus staatlichen Mitteln finanziert wird und daß durch staatliche Maßnahmen Bedingungen geschaffen werden, die einzelnen Gruppen der Bourgeoisie besonders hohe Profite für die sogenannte Selbstfinanzierung ermöglichen

Von allen entwickelten kapitalistischen Ländern ist der Anteil des Nationaleinkommens, der über den Staatshaushalt im Interesse der herrschenden Gruppe des Monopolkapitals umverteilt wird, in Westdeutschland am größten. Nach Angaben des Genossen Eugen Varga wird folgender Teil des Nationaleinkommens über verschiedene Steuern durch den Staat direkt umverteilt (in Prozenten)[1]:

Westdeutschland	Frankreich	England	Italien	USA
32,5	31,1	29,2	28,0	25,2

[1]) „Kommunist", Heft 17, 1959, S. 48 (russ.)

Wie weitgehend der Einfluß des Staates auf den Reproduktionsprozeß des Kapitals ist, geht schon daraus hervor, daß in Westdeutschland in den letzten zehn Jahren stets zwischen 35 und 40 Prozent der Nettoinvestitionen aus staatlichen Mitteln finanziert wurden. Ebenso wird die Reproduktion durch das gesamte System der Subventionen und Zuschüsse beeinflußt. Die Maßnahmen zur Waren- und Kapitalexportförderung haben Einwirkung auf die Aufteilung des gesellschaftlichen Produkts in den Inlands- und Auslandsverbrauch und führen zur Förderung jener Industriezweige, die für den Export produzieren. Auf diese Weise werden durch den staatsmonopolistischen Kapitalismus sehr wesentlich die Handels- und Zahlungsbilanz sowie die Währung beeinflußt. Ein Beispiel der direkten Einwirkungen auf den gesellschaftlichen Reproduktionsprozeß war die Investitionshilfe, die für die Schwerindustrie, vor allem für den Bergbau geleistet werden mußte und die zum Ausbruch und zur Verschärfung der Krise des Steinkohlenbergbaues beigetragen hat.
Von großem Einfluß auf den gesellschaftlichen Reproduktionsprozeß ist unmittelbar die Rüstungsproduktion und mittelbar die aggressive Politik der Bonner Regierung. Sie führten dazu, daß jene Zweige, die für die Rüstungsproduktion von besonderer Bedeutung sind, schon seit vielen Jahren am schnellsten entwickelt wurden.

Fast alle bürgerlichen und kleinbürgerlichen Ökonomen versuchen, die Auffassung zu verbreiten, daß es mit Hilfe einer richtigen staatlichen Konjunkturpolitik möglich sei, Krisen zu verhindern oder stark abzuschwächen. Die Entwicklung des staatsmonopolistischen Kapitalismus beseitigt aber den Grundwiderspruch des Kapitalismus, die Quelle der zyklischen Krisen, nicht, sondern verschärft ihn weiter. Folglich können auch die Wirtschaftskrisen und der Krisenzyklus nicht verschwinden. Die Wirtschaftkrisen in den USA und in anderen kapitalistischen Ländern beweisen durch die Praxis, daß weder durch die Militarisierung der Volkswirtschaft noch durch andere konjunkturpolitische Maßnahmen Krisen verhindert werden konnten. Im Gegenteil, von allen imperialistischen Ländern war 1958 die Wirtschaftskrise in den USA mit der relativ höchsten Rüstungsproduktion am tiefsten.

Auch die gegenwärtige Entwicklung der Wirtschaft der USA ist von diesem Gesichtspunkt sehr interessant. Offensichtlich wurden durch die Krise von 1958 die Widersprüche, die zu ihr führten, nicht gelöst. Daher wurde zwar das Vorkrisenniveau der Wirtschaft etwas übertroffen, ohne daß jedoch damit ein nennenswerter konjunktureller Aufschwung folgte. Gegenwärtig stagniert die Industrie schon wieder und in einigen Zweigen ist die Produktion bereits abgesunken. Dennoch hat der staatsmonopolistische Kapitalismus einschließlich der Militarisierung der Volkswirtschaft Einfluß auf den Krisenzyklus.

Durch die verschiedenen Maßnahmen des staatsmonopolistischen Kapitalismus, dabei besonders die Militarisierung, wird zeitweilig die Entwicklung der Produktion und damit der Profite gefördert. Ohne Zweifel haben der Übergang zur verstärkten Rüstungsproduktion in Westdeutschland und andere staatliche Aufträge im Jahre 1959 bedeutende Auswirkungen auf die wirtschaftliche Entwicklung gehabt. Das waren maßgebliche Faktoren, die dazu führten, daß der Produktionszuwachs von drei Prozent im Jahre 1958 auf über sechs Prozent im Jahre 1959 anwuchs. 1959 stiegen erstens die Rüstungsausgaben absolut schnell an, und zweitens wurde ein weitaus größerer Teil der Rüstungsaufträge — rund zwei Drittel — in Westdeutschland selbst vergeben.

Nach offiziellen Angaben wurde ein Programm für Rüstungsbauten in Höhe von 7,2 Milliarden Mark bekanntgegeben. Zusammen mit den anderen Aufträgen für staatliche Bauten führte das dazu, daß für die Bauindustrie ein großer Markt geschaffen wurde, der es ermöglichte, für eine längere Zeit die Produktion auf einem hohen Niveau zu halten. Für die Beschaffung von Kraftfahrzeugen wurde neben den bereits laufenden Aufträgen im Juni 1959 ein spezielles Beschaffungsprogramm bis 1960 für 1,4 Milliarden Mark beschlossen.

Wie bereits betont, spielen in diesem Zusammenhang aber nicht nur die Rüstungsaufträge eine Rolle, sondern ebenso die anderen staatlichen Investitionen, die Förderung des Waren- und Kapitalexports durch staatliche Kredite und viele andere Maßnahmen, die zu einer Erweiterung des Marktes führen. Die Rolle des staatsmonopolistischen Kapitalismus in dieser Hinsicht kommt sehr klar in einigen neueren Berechnungen des Deutschen Wirtschaftsinstituts zum Ausdruck.[1]) Danach erhöhten sich von 1957 zu 1958 das Gesamtprodukt um 2,7 die Bruttoanlageinvestitionen um 5,3, und der staatliche Verbrauch um 5,6 Prozent. Im Jahre 1959 (Zahlen für die ersten drei Quartale im Verhältnis zur gleichen Vorjahrszeit) stiegen das Gesamtprodukt um etwa 6 und die Bruttoanlageinvestitionen um rund 10 Prozent, aber der sogenannte Staatsverbrauch wuchs um 24,8 und dabei stiegen die offiziell angegebenen militärischen Ausgaben sogar um 53,8 Prozent. Der Produktionszuwachs des Jahres 1959 (drei Quartale) wurde zu 37 Prozent für den höheren „Staatsverbrauch" verwendet. Das Deutsche Wirtschaftsinstitut weist darauf hin, daß auch an anderen Stellen als im Rüstungsetat, wie z. B. im Verkehrs- und Fernmeldewesen noch weitere Ausgaben für den „Staatsverbrauch" versteckt sind, so daß im Jahre 1959 in Wirklichkeit etwa 50 Prozent der Zunahme des Gesamtprodukts unmittelbar auf den sogenannten Staatsverbrauch zurückzuführen ist.

---

[1]) Vgl. „Deutsches Wirtschaftsinstitut", Bericht 5, 1960, S. 17

Der staatsmonopolistische Kapitalismus bedeutet zugleich, daß vor allem in der Zeit der Krise und Stagnation der Staat von den herrschenden Monopolen ausgenutzt wird, um die Lasten der Krise soweit wie möglich auf die Arbeiterklasse und die anderen Schichten der Bevölkerung abzuwälzen. Das kommt z. B. darin zum Ausdruck, daß jene Monopolbetriebe, die durch Bankrott gefährdet sind, aus den Steuergeldern der Werktätigen subventioniert oder zeitweilig aufgekauft werden, daß die Finanzpolitik ausgenutzt wird, um die Preise hochzuhalten, so daß in den letzten Krisen – z. B. im Jahre 1958 – auf vielen Gebieten die Preise nicht sanken, sondern sogar weiter anstiegen. Genosse Johann Lorenz Schmidt hat ein ganzes Register solcher Maßnahmen angeführt.

Alle diese Maßnahmen können aber nicht zur Beseitigung des Grundwiderspruchs und jener aus ihm hervorwachsenden Widersprüche führen, aus denen die periodischen Überproduktionskrisen hervorgehen. Im Gegenteil, alle diese Maßnahmen führen in der einen oder anderen Weise dazu, daß die Kaufkraft der Massen weiter eingeschränkt wird. Hohe staatliche Ausgaben fordern hohe Steuern, die in erster Linie von den Werktätigen gezahlt werden. Die Finanzierung dieser staatsmonopolistischen Maßnahmen mittels inflationistischer Preissteigerung führt zum gleichen Ergebnis. So stiegen z. B. 1959 in Westdeutschland die Löhne um etwa sechs Prozent, aber die Preise für Konsumgüter um fast vier Prozent. Dadurch war die effektive Steigerung der Kaufkraft außerordentlich gering. Im Jahre 1959 wurde noch eine Reihe anderer Maßnahmen eingeleitet, wie z. B. die Selbstbeteiligung in der Sozialversicherung, die dazu führt, daß die Kaufkraft der Werktätigen um mehr als eine Milliarde Mark eingeschränkt wird. Auch der Verkauf von Kleinaktien an Arbeiter und andere Werktätige bedeutet eine reale Einschränkung ihrer Kaufkraft.

Die Monopole können daher mit Hilfe des Staates zwar den Ausbruch der Krise eine gewisse Zeit hinauszögern und in einigen Teilen der Wirtschaft zeitweilig für ein hohes Niveau der Produktion sorgen. Aber dadurch werden die Ursachen der Krisen und die Wirtschaftskrisen selbst nicht beseitigt, im Gegenteil, die ihnen zugrunde liegenden Widersprüche werden noch weiter verschärft. Je länger es gelingt, den offenen Ausbruch der Krise hinauszuschieben, um so mehr werden die Widersprüche verschärft.

Die Verschärfung der dem Krisenzyklus zugrunde liegenden Widersprüche muß sich nicht so auswirken, daß im Rahmen des Krisenzyklus nur in der zyklischen Krise ein stärkerer Produktionsrückgang und alle damit zusammenhängenden Folgen eintreten. Vielmehr beweist die Praxis, daß die Verschärfung des Grundwiderspruchs und anderer Widersprüche dazu führt, daß auch zwischen den zyklischen Überproduktionskrisen verschiedene Krisenerscheinungen auftreten. Die Zeit nach dem zweiten Weltkrieg zeigt, daß der Abstand von Krise zu Krise in einigen

Ländern (z. B. in den USA) kürzer geworden ist, daß die partiellen Krisen, die inflationistische Entwicklung, die Währungskrisen, Krisen im Außenhandel usw. zunehmen. Diese ständige widerspruchsvolle, krisenhafte Entwicklung ist eine der wichtigsten Erscheinungsformen der Fäulnis des gegenwärtigen Kapitalismus.

*

Es braucht nicht besonders hervorgehoben zu werden, daß die Entwicklung des staatsmonopolistischen Kapitalismus einen großen Einfluß auf die Formen und die Höhe der Ausbeutung der Arbeiterklasse hat. Schon Lenin hatte festgestellt, daß staatsmonopolistischer Kapitalismus das Paradies für die Profite der Monopole und das Militärzuchthaus für die Arbeiter bedeutet. Die Ausnutzung des Staates durch die Monopole führt zu einer zusätzlichen Ausplünderung der Werktätigen über außerordentlich hohe Steuern, Zölle, inflationistische Preissteigerungen usw. Und der Staat spielt bei der Durchsetzung von Monopolpreisen eine wichtige Rolle.

Die bürgerlichen Ideologen und rechte Sozialdemokraten stellen die Behauptung auf, daß die verschiedenartigen Maßnahmen des Staates zur Vollbeschäftigung und damit zur Verbesserung der Lage der Arbeiterklasse führen. Die erfolgte Erhöhung des Reallohnes der Arbeiterklasse hat jedoch seine Ursache nicht in den Maßnahmen des staatsmonopolistischen Kapitalismus, sondern in der normalen Entwicklung während jeder Konjuktur, im Kampf der Arbeiterklasse und in den Einwirkungen des sozialistischen Lagers. Die Maßnahmen im Rahmen des staatsmonopolistischen Kapitalismus, die hohen Steuern, die inflationistische Entwicklung wirken im Gegenteil bereits in der Konjunktur der Erhöhung des Reallohns entgegen, gar nicht zu reden von den Auswirkungen der Militarisierung der Volkswirtschaft.

Die Ausnutzung des Staates im Interesse der Monopole führt in Westdeutschland vor allem dazu, daß jene demokratischen Rechte, die sich die Arbeiterklasse 1945 erkämpft hat, systematisch eingeschränkt werden.

In diesem Zusammenhang spielt die antikommunistische Hetze des Bonner Staates eine große Rolle. Sie soll verhindern, daß der Einfluß der erfolgreichen Entwicklung des Sozialismus/Kommunismus im sozialistischen Lager von den westdeutschen Arbeitern ausgenutzt wird, um bei der Durchsetzung ihrer ökonomischen und politischen Forderungen einen größeren Druck auf die Unternehmer ausüben. Die vom Bonner Staat betriebene antikommunistische Hetze richtet sich daher direkt gegen die Arbeiterklasse in Westdeutschland.

Die von den bürgerlichen und kleinbürgerlichen Ideologen behaupteten Veränderungen des Charakters der kapitalistischen Produktionsweise stellen also in Wirklichkeit nichts anderes dar als die gewaltige Ausdehnung des staatsmonopolistischen Kapitalismus, der in Westdeutschland wie in den anderen imperialistischen Ländern zur Haupterscheinung des modernen Kapitalismus geworden ist. Diese außerordentliche Ausdehnung des staatsmonopolistischen Kapitalismus ist aber nur der Ausdruck dafür, daß die kapitalistischen Widersprüche heute so groß sind, daß die gesellschaftliche Leitung der Produktion auf der Grundlage des gesellschaftlichen Eigentums an Produktionsmitteln im Interesse der Gesellschaft zu einer dringenden historischen Notwendigkeit geworden ist.

Kolibri 360 GmbH
Ferdinand-Jühlke-Straße 7
99095 Erfurt, Deutschland
produktsicherheit@kolibri360.de